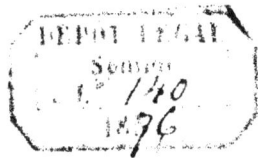

NOTE

CONCERNANT LES FORESTIERS

ET LES PREMIERS COMTES DE FLANDRE

PAR M. LE Président TAILLIAR

(*Extrait de l'Etude sur les Forestiers de Flandre, par MM. J. Bertin et G. Vallée, publiée par la Picardie*).

AMIENS,

IMPRIMERIE DE DELATTRE-LENOEL,

RUE DES RABUISSONS, 30.

1876

NOTE CONCERNANT LES FORESTIERS

ET LES PREMIERS COMTES DE FLANDRE.

I.

DIVISION DU SUJET EN TROIS PÉRIODES.

L'histoire de la Flandre antérieure au xii siècle peut se
partager en trois périodes. La première embrasse les temps
antérieurs à l'an 792. La Flandre proprement dite (*Flandrensis
pagus*) ne comprend alors qu'une petite contrée encore barbare
située près de la mer et dont Bruges est le centre. La deuxième
période renfermant un espace de soixante-dix ans, s'étend de
l'an 792 à l'an 862. En 792 Charlemagne, pour sauvegarder

toute cette partie du littoral, y institue un comte de marche ou marquis, désigné aussi sous le nom de grand-forestier. La troisième période postérieure à l'an 862 s'ouvre par l'érection de la marche de Flandre en principauté. Pendant ces trois périodes distinctes, la Flandre progressivement agrandie, a tour-à-tour à sa tête un Forestier, faisant l'office de grafion, un grand-forestier investi de la dignité de marquis et un comte provincial, bientôt transformé en grand-féudataire de la couronne.

II.

TOPOGRAPHIE. — ASPECT DU NORD DE LA GAULE. GRANDS BOIS QUI S'Y TROUVENT.

Malgré tous les éléments de civilisation propagés par les Romains, le Nord de la Gaule présente encore au iv° siècle de vastes régions incultes, couvertes d'eau, de marais et de bois. « C'est dit saint Paulin, dans une lettre de 399, une terre sau-
» vage, où des étrangers barbares et des habitants pillards fré-
» quentaient les déserts des forêts et des rivages également sans
» sûreté (1) »

Malbrancq, *de Morinis*, en dérivant au début de son livre l'ancien pays des Morins, s'exprime ainsi : « J'aborde une
» province dépourvue de villes, et que rendent affreuse de très-
» épaisses forêts, des marais innombrables, des sables, les
» souffles des autans, les gelées et les pluies (2). »

(1) Ubi deserta silvarum ac littorum pariter iututa advenæ barbari aut latrones incolæ frequentabant.
(2) Provinciam ingredior oppidis nudam, sylvis densissimis, frequentissimis paludibus, sabulo, ventorum flatibus, gelu, imbribus horridam.

Dans ces rudes et âpres contrées du Nord, les bois occupent des espaces immenses.

Ainsi, pour ne citer que quelques exemples : presqu'aux portes d'Arras s'étend la vaste forêt de Moflaine ; à quelque distance de là, tout le pays boisé de la Gohelle (*Sylvinus pagus*) ; non loin des bords de la Scarpe, le grand bois de Lalaing ; puis les forêts de Marchiennes, Wallers, Hasnon, Vicogne, Raimes, Saint-Amand ; du côté du littoral, les forêts de Hesdin, Boulogne, Hardelot, Desvres ; dans le bassin de l'Aa. la forêt de Fauquemberg et de Renti, la forêt de Tournehem, le bois d'Helfaut et de Bilques, la forêt de Clairmarais, le bois de Watten ; dans le bassin de la Lys, le Vaastloo (*Vastus saltus*), la forêt de Nieppe et plus bas vers la Deule, la forêt de Phalempin (1).

III.

DIVISIONS ADMINISTRATIVES. — TERRITOIRES DES TROIS CITÉS D'ARRAS, TÉROUANNE ET TOURNAY. — GRANDS ET PETITS *PAGI* QU'ILS RENFERMENT.

Les régions du Nord dont nous venons de parler contiennent au point de vue administratif les trois cités d'Arras, Térouanne et Tournay.

Le territoire de la cité d'Arras renferme quatre districts ou grands cantons qui sont: l'Artois proprement dit (*Adharctensis*

----

(1) Voir dans les *Mémoires de la Société d'Agriculture, Sciences et Arts de Douai*, ann. 1849-1851, 2e série, t. I, p. 245, notre dissertation intitulée: « *Notions topographiques sur le Nord de la France.* »

pagus), l'Arouaise (*Atrewasia ou Arida gamantia*), la Gohelle (*Goaria ou Sylvinus pagus*), l'Escrebieu (*Scirbiu*) (1).

La cité de Térouanne, (*Merinorum civitas*,) comprend dans son territoire le pays de Térouanne, le Boulonnais, (*Gessoriacus pagus*), le pays de l'Oye, (*Auciensis pagus*), le pays de l'Yser. (*Isereticus pagus*).

La cité des Ménapiens dont Tournay est le chef-lieu renferme de son côté quatre pays ou districts, le Tournaisis (*Tornacensis pagus*), le *Mempiscus pagus* entre l'Yserd et la Lys, le Melantois (*Medetenensis pagus*) et le Courtraisis (*Cortoriacensis pagus*) entre la Lys et l'Escaut.

Chacun de ces territoires se partage ainsi en grands districts ou *pagi majores*. Mais quelques-uns de ces vastes pays ont produit des cantons plus restreints. C'est ainsi que du pays de Térouanne s'est détaché le Ternois (*Ternensis pagus*) baigné par la Ternoise avec Saint-Pol pour chef-lieu.

Sur d'autres points ont pris naissance le *Flandrensis pagus* ou pays de Flandre et le *Gandensis pagus* ou pays de Gand.

IV.

LA FLANDRE PRIMITIVE. — SES LIMITES RESTREINTES.

A une distance peu éloignée du rivage de la mer s'était formé, au milieu des bois, des eaux et des sables, un modeste canton, le *Flandrensis pagus*, habité par des Saxons réfugiés qui étaient

---

(1) Entre les Atrébates, les Nerviens et les Ménapiens, s'étendait un grand espace vide désigné sous le nom de *Pabula* ou *Pérèle*. Il fut plus tard divisé en quatre parties qui furent l'*Ostrevent*, le *pays de la Lys*, le *Garembaut* et le *Pérèle* proprement dit.

venus y chercher un asile. Ce pays renfermé dans d'étroites
limites avait pour principales bourgades les lieux où s'élevèrent
ensuite Bruges, Oudembourg, Damme, l'Écluse, Middlebourg
et Ardembourg (1).

Une chronique des Forestiers de Lille contient sur la Flandre
un curieux passage ; l'auteur donne sur Bruges et ses environs
des détails qui ne manquent point d'intérêt. « Du temps de
» Clotaire, fils du grand Clovis, quelques villes et forteresses
» étaient déjà construites et réglementées en Flandre. Les plus
» notables étaient Harlebecke, Oudenbourg et Rodenbourg
» (plus tard Ardembourg). Au milieu de la route qui conduit
» de l'une de ces deux villes à l'autre était un faible torrent, un
» petit bras de mer qu'on nommait Bruigstoc (dans la suite,
» Bruges). Du côté du Nord se trouvaient cinq maisons et du
» côté du Midi six maisons, où logeaient les voyageurs qui
» allaient de Rodenbourg à Oudenbourg et *vice versa*. A deux
» lieues de Bruges s'élevait une colline sur laquelle était
» construite une habitation telle quelle. Avec le temps, on la
» nomma *Laminisvliete* et ultérieurement l'Écluse. De ce port
» de Laminisvliete, à cause des périls de la forêt, se prolongeait
» sur le rivage de la mer une voie commune pour se rendre au
» château de Sitiu qui est maintenant Saint-Omer (2). »

---

(1) Bruges forme un point à peu près central entre Oudembourg arrond.
de Bruges, Damme à une lieue et demie de Bruges, l'Ecluse au Nord-Est
de Bruges, Middelbourg à une lieue un quart au Sud-Est de l'Ecluse,
Ardembourg à quatre lieues au Nord-Est de Bruges.

(2) Nota quod tunc temporis Clotarii, filii Clodovis regis, in Flandria
ordinata etiam et ædificata aliqua oppida et castra satis adhuc notabilia,
Arlebecca, *Rouenburg*, quod *Ardenburg* dicitur et *Oudenburg* ; et in
media via de *Rodenburg*, et *Oudenburg* erat quidam torrens vilis,
quoddum brachiolum maris, qui *Bruigstoc* dicebatur. Ex parte aquilonari
erant quinque domus, ex parte vero australi sex, ubi homines transeuntes
de *Rodenburg* et *Oudenburg* vel vice versa hospitabantur ; nunc vero
Brugis dicitur. Erat quidam collis ad duas leucas de Brugis, ubi erat

V.

LA MARCHE DE FLANDRE A LA FIN DU VIII° SIÈCLE.

Charlemagne pressentant les irruptions des pirates dont cette
partie du littoral pouvait être affligée y établit une marche ou
frontière militaire. Il en confia le commandement à Inguelram,
fils de Lyderic, forestier de Flandre, dont le château
d'Harlebecke, dominant le cours de la Lys, pouvait plus
facilement pourvoir à la sûreté de cette région. La Flandre qui
ne désignait jusque là que le simple canton dont nous venons
de parler, donna son nom à la marche tout entière qui devint
le siége d'un marquis (*marchionis*) et composa un marquisat,
dont la circonscription embrassa un espace considérable.

Au point de vue stratégique, le comte de la marche ou
marquis de Flandre éut surtout pour devoir de défendre d'un
côté toute la partie du littoral qui s'étend depuis la rive gauche
de la Lys jusqu'à la mer et de l'autre la Lys elle-même dont
le cours depuis Wervick (*Viroriacum*) passe successivement
par Menin, Courtrai (*Cortoriacum*), Harlebecke, Deynse et
Tronchienne.

---

hospitium tale, quale... Processu temporis vocatum est *Laminisrliele*,
quæ nunc *Sclusa* dicitur; item de portu *laminisrliele*, propter pericula
forestæ erat via communis super ripam maris pro eundo ad castrum de
Sithiu, quod nunc sancti Audomari dicitur. (Voir *Catalogus et chronica
principum Flandriæ*) dans le *Recueil des chroniques de Flandre*, publié
par M. de Smet, t. I p. 25.

VI.

LES FORÊTS DE FLANDRE. — CE QU'ON ENTEND PAR FORÊT.
LES FORESTIERS ORDINAIRES.

Les Franks, après la conquête de la Gaule, continuèrent d'attacher une grande importance à la possession des bois et des eaux qui, outre les produits qu'ils en retiraient, leur offraient les plaisirs de la chasse et de la pêche. Sous les rois Gallo-Franks, ils constituèrent des espaces déterminés marqués par des limites. Dans leur langue, le mot germanique *Vorst* ou *Forst* d'où est dérivé notre mot forêt n'est point un simple bois. C'est une circonscription dans laquelle se trouvent des parties boisées, des pièces ou des cours d'eau affectées à la chasse ou à la pêche. On connaît désormais des forêts d'eau ou de pêche. Par extension, les forêts comprennent des bourgades, des villages et plus tard des villes plus ou moins considérables. Le mot *Forêt* se présente donc sous une acception nouvelle.

On lit dans un acte de Childebert, *in Pragmatica Childeberti* : « Nous avons fait au même lieu la tradition de toutes les » pêcheries qui existent ou qui peuvent être créées de chaque » côté du fleuve ainsi que nous les possédons et qui sont de » notre forêt (1). » Aussi voit-on dans la loi salique, titre 35, art. 1, que les délits commis dans les pêcheries sont mis sur la même ligne que les délits dans les chasses réservées (2).

---

(1) **Has omnes piscationes quæ sunt et fieri possunt in utraque parte fluminis sicut nos tenemus et nostra forestis est, tradidimus ad ipsum locum.** (Voir encore DU TILLET, livre I, au chapitre de la seconde branche de Bourgogne et BOUCHEL, *Trésor du droit français*, t. II, p. 72.)

(2) **Quam legem tam de venationibus quam et de piscationibus convenit observare.**

A la tête de chaque forêt ainsi définie et limitée se trouve nécessairement un administrateur chargé de sa conservation et de sa garde et qu'on appelle *Forestier* (*Forestarius*). Un de ses premiers devoirs est de prévenir et de réprimer les braconnages, de veiller à la sûreté des habitants, d'atteindre et de châtier les malfaiteurs.

Diefenbach dans son supplément au Glossaire de Ducange, au mot *Forestarius*, indique comme correspondant à ce nom ceux de *Lucarius* et *Viridus* (Verdier). Dans le même supplément, à l'article *Economus*, p. 194, il donne au mot *Economus* le sens de Directeur ou de Dispensateur, *Economus*, *Dispensator* (1).

Investi de ces attributions, le Forestier avait un office analogue à celui de Grafion ou de *Judex fiscalis*.

VII.

LES GRANDS-FORESTIERS. — LEUR ASSIMILIATION AU COMTE DE MARCHE OU MARQUIS.

Ainsi qu'on l'a vu plus haut § VI, le caractère principal de la forêt est de constituer un espace limité renfermant des eaux et des bois avec les habitations qui s'y trouvent. La Flandre primitive n'est en réalité qu'une forêt. Plus tard, même lorsqu'elle a été agrandie et transformée en Marche ou frontière maritime, comme elle est en majeure partie couverte d'eau

---

(1) Voir au surplus le *Gloss. de Lindrebrog*, à la suite du *Codex legum antiquarum*, p. 1403 ; le *Gloss. de Du Cange* aux mots *Foresta* et *Forestarius* ; les notes de Sirmond sur les *Capitulaires de Charles-le-Chauve*, p. 107.

et de bois, on la qualifie encore de *Forêt*, et le chef qui la
gouverne est désigné sous le titre de Grand-Forestier. Ce
personnage dont la dignité correspond à celle de l'ancien *Comes
limitaneus* ou *Comes tractus maritimi*, exerce alors les pouvoirs
de comte de frontière ou marquis (*marchio*) dont il porte aussi
le titre. A raison de l'étendue et de l'importance de son
territoire et des populations qui lui obéissent, le forestier
supérieur n'est plus seulement un grand-maître des eaux et
forêts, c'est un gouverneur proprement dit en possession d'une
triple autorité militaire, judiciaire et politique. Comme chef
militaire il est le gardien de la Marche de Flandre, il en est le
commandant suprême, veille à sa défense et la garnit de
forteresses ; au point de vue judiciaire il y fait régner l'ordre,
la sûreté et la paix publique ; toutes les juridictions lui sont
soumises ; comme chef politique il en est le premier administrateur ; il y fonde des bourgades et des villages, y développe la
culture, a la police et la régie de tous les bois et de toutes les
eaux que renferme sa vaste circonscription.

On a maintes-fois émis des doutes sur la nomenclature et sur
l'existence des Grands-Forestiers de Flandre, depuis l'an 792
jusqu'en 862 (1). On doit toutefois regarder comme offrant un
degré suffisant de certitude les renseignements que fournissent
d'anciennes chroniques dans lesquelles sont mentionnés, dès
l'an 792, Lyderic institué par Charlemagne et après lui ses
successeurs.

Parmi ces documents on peut indiquer : un manuscrit du
xiii° siècle, provenant de l'abbaye de Saint-Bertin (2) ; *le Liber
floridus*, manuscrit antérieur à 1120, rédigé par un chanoine

---

(1) Voir notamment par DEBAST, une *Notice sur l'existence chimérique
des Forestiers de Flandre et sur le premier comte Baudoin.*
(2) Il est aujourd'hui à la Bibliothèque de Boulogne sous le n° 58.

de Saint-Omer Lambert fils d'Onulf, et appartenant jadis à l'abbaye de Saint-Bavon (1).

Un autre chroniqueur, Jean de Thielrode, qui écrivait en l'an 1298, contient dans son chapitre XIX de *Comitibus Flandriæ* un important passage qui confirme et complète les indications précédentes. Après avoir signalé tour-à-tour Lyderic et ses successeurs, il ajoute : « Au temps de Bauduin, la Flandre » devient un comté (c'est-à-dire un comté provincial), et Bauduin » en est le premier comte. Ses prédécesseurs furent les » forestiers de Flandre sous le roi de France, comme nous le » lisons dans les chroniques des Franks (2).

VIII.

CONFUSION PRODUITE PAR LES DIVERS SENS DONNÉS AU MOT *COMTE*. — DISTINCTION ESSENTIELLE ENTRE TROIS ORDRES DE COMTES.

Les différentes significations données au mot *Comte* ont amené une obscurité et une incertitude qu'il importe de dissiper. Outre les comtes palatins et les comtes royaux de divers ordres, il est nécessaire de distinguer des comtes de canton, des comtes de marche ou frontière et des comtes de province.

Dès le vie siècle les comtes de canton se multiplient rapide-

---

(1) Actuellement à la Bibliothèque de Gand sous le no 179.

(2) Tempore Balduini Flandriæ fit comitatus et Balduinus primus comes. Antecessores sui fuerunt Forestarii Flandriæ sub Rege Franciæ, sicut legimus in chronicis Francorum.

ment. A cet égard des nouvelles créations de comtés ont pour causes :

Les partages du royaume, le besoin pour les rois de se concilier des partisans, la nécessité de défendre plus spécialement des points menacés, les subdivisions des vastes domaines entre les fils du même bénéficiaire, le déplacement des populations, l'érection des puissantes abbayes dont les chefs deviennent ensuite des seigneurs, et enfin le morcellement des grands districts, *Pagi majores*, en circonscriptions plus restreintes. (*Pagi minores.*)

C'est le fractionnement de plus d'un *Pagus major* de ce genre qui fit éclore les *Pagi minores* du Nord de la France, dont l'administration fut confiée à des officiers qui remplirent l'office de grafion ou comte de canton (*judex fiscalis*).

Des comtés plus considérables d'un autre genre furent produits par l'institution des commandants militaires des marches ou frontières, destinés à remplacer les anciens *comites limitanei* ou *comites maritimi tractus* (1). Ainsi que nous l'avons dit ci-dessus, Charlemagne prévoyant les maux désastreux que les irruptions des Normands viendraient faire subir aux régions limitrophes, institua pour les repousser des comtes de marche ou frontière.

Dans de plus vastes proportions et avec des prérogatives bien plus éminentes, surgissent les Comtes des provinces quand des contrées tout entières furent détachées du domaine de la couronne et attribuées à quelques grands personnages, parents ou alliés du souverain. Dans cet ordre plus relevé on avait vu déjà se produire en première ligne les comtés de Vermandois et Ponthieu.

---

(1) Sur les attributions des anciens généraux dans l'empire romain, voir la *Notitia dignitatum imperii* avec le *Commentaire de Boecking*. t. II, p. 514 et 553.

IX.

APPLICATION A LA FLANDRE DE LA DISTINCTION QUI PRÉCÈDE.

Les trois ordres de comtes que nous venons d'indiquer furent tour-à-tour appelés à gouverner le territoire plus ou moins spacieux de la Flandre.

Tant qu'elle ne fut qu'un moindre canton, *Pagus minor*, le chef placé à sa tête et désigné sous le nom de *Forestier* fut dans des limites restreintes à la fois administrateur et juge. En cette dernière qualité il fut chargé de veiller à la sûreté commune, de poursuivre les délinquants et de prononcer contre eux les peines portées tant par la loi salique que par les capitulaires.

Après l'institution par Charlemagne du comte maritime ou marquis de Flandre, les attributions de ce haut fonctionnaire, exercées dans un espace beaucoup plus étendu, eurent une portée et une sphère d'activité bien autrement considérables que celle d'un simple Forestier. Il devint un véritable gouverneur et dut agir de telle sorte que les populations préservées de toute agression extérieure et intérieure pussent vivre satisfaites sous son égide tutélaire.

Enfin, quand le comté de Flandre fut constitué en principauté au profit de Bauduin Bras-de-Fer, mari de Judith, fille de Charles-le-Chauve, son heureux possesseur réunit à la fois les splendeurs et les prérogatives d'un prince souverain. Il eut autour de lui de grands officiers ; il eut sous ses ordres des troupes nombreuses, des cours de justice et des baillis ; dans ses rapports, tant avec le clergé qu'avec les communes, il jouit de droits étendus.

La distinction qui précède fait évanouir les nuages et même

les contradictions que semblent présenter quelques chroniques. Ainsi dans la chronique de Saint-Bavon par Jean de Thielrode, l'auteur, au chapitre XIX, dit que Bauduin Bras-de-Fer, mari de Judith, fut le premier comte de Flandre. Plus loin, au chapitre XXVII, il indique comme comtes de Flandre à partir de 792, Lyderic et ses successeurs. La contradiction disparaît au moyen de cette explication que Lyderic fut le premier comte de la marche de Flandre créée par Charlemagne et Bauduin Bras-de-Fer. le premier comte provincial de la Flandre érigée en principauté par Charles-le-Chauve.

FIN.

AMIENS. — IMP. DE DELATTRE-LENOEL.

www.ingramcontent.com/pod-product-compliance
Lightning Source LLC
Chambersburg PA
CBHW070435080426
42450CB00031B/2662